Mission AI-mpossible 2.0

Om det kommunikative læringsrum & min mission

Ole Bendix

Mission AI-mpossible 2.0

Af samme forfatter

"Undskyld Hr. lærer – må jeg spørge…?" (2024)

Forlag: BoD · Books on Demand, Strandvejen 100, 2900 Hellerup, bod@bod.dk

Tryk: Libri Plureos GmbH, Friedensallee 273, 22763 Hamborg, Tyskland

ISBN 9788743087410

2025 Ole Bendix

Forlag: BoD

Indhold

Forord **7**

Indledning **9**

Første del **11**

Det kommunikative læringsrum in spe 11

Det gode kommunikative læringsrum set som en ø 14

Det gode kommunikative læringsrum inden for dansk som andetsprog 17

Hvad er udfordringerne, dilemmaerne, risiciene og succeskriterierne? 19

Anden del **21**

Hvad er min mission i det kommunikative læringsrum? 21

En mission med få ord 22

Min og sprogskolens mission i samklang 24

Min mission handler om "hv-ord" 26

Op i en helikopter – Koncepter og strategier 28

Hvad med et reformuleret værdigrundlag? 29

Tredje del **31**

Den narrative fortælling 31

Et narrativ om sejre? 32

Aktantmodellen 34

Eventyret om sprogskolen og underviseren 36

Historien om sprogskolen 37

Værdigrundlag for både Sprogskolen og underviseren 40

Vores visioner for sprogundervisning i dansk som andetsprog 44

Efterskrift **45**

Litteratur 46

Forord

I denne bog fortsætter jeg arbejdet med at beskrive opgaven som underviser i dansk som andetsprog. En beskrivelse, som også kan inspirere andre undervisere i andre felter end dansk som andetsprog, fordi der er sammenfald mellem mange af de etiske og pædagogiske udfordringer, som alle undervisere står overfor i mødet med det andet menneske – kursisten.

I min første bog "Undskyld Hr. Lærer – må jeg spørge..." fra 2024 undersøgte jeg min professionsetiske position, dvs. grundlaget for at agere etisk i min undervisning af voksne fra andre lande: Hvordan håndterer jeg pligt-, nytte- og nærhedsetik i min dagligdag som underviser? Og hvordan kan jeg bruge Kant, Miller og Løgstrup i mit daglige møde med kursisterne?

I denne bog "Mission **AI**-mpossible" fortsætter jeg arbejdet på at undersøge underviserens mission, vision og værdier med afsæt i min egen undervisningspraksis med eksempler fra forskellige sprogskoler, hvor jeg har været ansat.

Fællesnævneren i selve arbejdsprocessen i bøgerne er brug af **AI**, kunstig intelligens, i kombination med min læreruddannelse og mine mange praktiske arbejdserfaringer fra undervisningen gennem årene af mange forskellige hold.

AI, kunstig intelligens, erstatter ikke egen tankekraft – som det også tydeligt fremgår undervejs i mine bøger, men det er blevet en rigtig god samarbejdspartner både til at skabe svar på spørgsmål og til at lave endnu bedre opgaver til min undervisning.

Desuden har ChatGBT skrevet et sandt eventyr om *den smukke mission*, hvor underviseren og sprogskolen *hjælper* kursisten med at blive *helten* i sit liv ved at overkomme ikke bare sprogbarriererne, men også alle de skrevne og uskrevne regler i vores daglige omgang med hinanden.

Historien om Fatima er en fortælling om mod, håb og muligheden for at skabe et nyt liv.

Jeg vil opfordre dig til både at læse videre her i bogen og til selv at eksperimentere med **AI**, kunstig intelligens, i dit arbejdsliv.

Indledning

"Sprogskolen er et sted, hvor liv, læring og håb mødes. Vi er stolte af at være en del af vores kursisters rejse mod integration og succes i Danmark." (ChatGBT)

Da mine forældre blev lærere i 1958, var undervisning lig med et kald og stolthed over lærergerningen. Uddannelsen indebar en faglig og personlig forberedelse til opgaven som degn – lige under præsten. Lærerjobbet var lig med status og anerkendelse, og der blev ikke stillet spørgsmål til undervisningen.

I dag er situationen nærmest vendt på hovedet, og læreren er statusmæssigt underlagt mange andre samfundsgrupper og typer af fag, fx skolebestyrelsens mange faggrupper, direktøren og afdelingslederen på skolen. Men på sprogskolen er der noget af det gamle kald tilbage, hvilket tydeligt mærkes, når kursisterne fx tiltaler mig: "Undskyld Hr. Lærer, må jeg spørge...?" (titlen på min forrige bog).

I dag står "klasserumsledelse" helt centralt i uddannelsen på seminariet og i praktikken på linje med "didaktik" og "relationer", som er de tre kategorier, jeg blev vurderet på i mine praktikker. Men hvad er det for en undervisning, der finder sted i klasse-rums-ledelse? Hvad er det for et rum, hvor management pludselig er blevet nøglen til den didaktiske, relationelle læring? Jo, det er *det kommunikative læringsrum* med læringsmål, test og prøver! Her er opgaven at yde:

God klasserumsledelse er en effektiv og positiv styring af en klasse, der skaber et godt læringsmiljø og fremmer elevernes faglige og sociale udvikling. Det indebærer at etablere klare og tydelige regler og forventninger, opretholde en god struktur og rutine i undervisningen og have evnen til at håndtere udfordrende adfærd på en konstruktiv måde. (Fra min bog "Undskyld Hr. lærer – må jeg spørge...?")

Hvad er så min **mission** som underviser i dette læringsrum?

Dette spørgsmål er måske det vigtigste at stille sig selv en gang imellem som underviser – også i dansk som andetsprog! Det gør jeg så et forsøg på her i bogen ved at tage afsæt i en sprogskoles mission, værdier og vision, som jeg *destillerer* til et eller to værdiord, dvs. *aktive verber* i kombination med et eller to *personlige pronominer*, og svaret, jeg når frem til, lyder måske enkelt:

Min mission er: *"På sprogskolen lærer jeg dig dansk til dit arbejds- og hverdagsliv."*

Men tag så med på rejsen derhen og lav din egen personlige mission for din undervisning – lige der, hvor du står med noget af dine kursisters liv i dine hænder.

Velkommen til "Mission **AI**-mpossible".

Første del

Det kommunikative læringsrum in spe

Lad os begynde med at undersøge, hvor "Det kommunikative læringsrum" kommer fra eller i det mindste optræder. For *googler* jeg det, så bliver jeg slemt skuffet. Der kommer utroligt lidt frem. Jeg finder dog en tekst fra undervisningsministeriets hjemmeside af Karen Lund, Danmarks Pædagogiske Universitet, og Michael Svendsen Pedersen samt Lingva Franca, der handler om "Fleksibilitet og læringsmiljøer" i dansk som andetsprog", hvor mit emne dukker op i afsnit 10: (det) *kommunikative læringsrum.*

Og selv om denne tekst handler om det fleksible læringsrum, så adresserer det dog "det kommunikative læringsrum" med *de tre pædagogiske indfaldsvinkler*, som er ganske interessante for min undersøgelse af emnet.

1. *Den traditionelle pædagogik og de fleksible læringsmiljøer*
2. *En konstruktivistisk pædagogik og de fleksible læringsmiljøer*
3. *En kritisk pædagogik og fleksible læringsmiljøer*

Baggrunden for de to forfatteres interesse for emnet skyldes bekendtgørelsen:

I bekendtgørelsen om undervisning i dansk som andetsprog for voksne udlændinge står der: Det tilstræbes, at holdundervisningen suppleres med tilbud om fleksibelt tilrettelagt undervisning, og det forklares at hensigten er at de fleksible tilrettelæggelsesformer skal give kursisterne mulighed for at arbejde selvstændigt eller under lærervejledning med sprogtilegnelsen, typisk i åbne studieværksteder, bl.a. med anvendelse af informations- og kommunikationsteknologi.

De to forfatteres mission er at gøre op med læreren på podiet, uanset om *høn* gør det i et klasserum eller på en digital computerskærm hjemme i stuen hos kursisten, fordi *En traditionel pædagogik der bygger på et grammatisk sprogsyn og et behavioristisk læringssyn, får ikke nyt liv ved blive ført med over i et moderne pædagogisk fleksibelt læringsmiljø - tværtimod.*

Lad os kaste et nærmere blik på de tre pædagogiske indfaldsvinkler:

1. *I en traditionel pædagogik kombineret med den lærebogsstyrede undervisning står læreren meget i centrum. Her står grammatik og ordforråd i kontekstfri drills, med fokus på overførsel af information og færdigheder, efterligning, hukommelsestræning – alt sammen med henblik på automatisering, hvor der kun er ringe rum for kreativ, kommunikativ anvendelse af sproget.*
2. *I en konstruktivistisk baseret pædagogik er der fokus på den interaktion, der foregår mellem lærer og kursister, mellem kursisterne indbyrdes og mellem kursister og computere/IT. I interaktion er der optimale muligheder for engagement, konstruktion af betydning, afprøvning af hypoteser, analyser, synteser og evalueringer. For at skabe rammerne for interaktion må de pædagogiske aktiviteter være tilrettelagt som kommunikative problemløsningsopgaver og projekter. Arbejdet med de sproglige former indgår som en integreret del af indholdsarbejdet, eller udspringer af arbejdet med indholdet.*
3. *Den kritiske pædagogik, som også hviler på et konstruktivistisk læringssyn, føjer en kritisk dimension til det kommunikative sprogsyn.*
   Hvor målet for den kommunikativt baserede pædagogik er, at sprogtilegnerne får kompetence til at anvende sproget på en hensigtsmæssig måde afhængigt af, hvem de kommunikerer med, hvad der kommunikeres om, og hvad formålet er med kommunikationen, anfægter den kritiske pædagogik, at givne sprognormer er naturgivne. Ved at inddrage sociale og historiske processer synliggør den de magt- og dominansforhold og de kulturelle modsætninger, der spiller ind på sprogbrugen og interaktionen. Der arbejdes her med sociale emner, der kan give mulighed for analyser af og dermed indsigt i magtstukturer og kulturelle modsætninger i samfundet.

Det ser ud til, at det gode kommunikative læringsrum mere handler om roller og om relationerne kursist og underviser imellem end om indretning af klasserum, opstilling af borde og stole, digitaliserede læringsrum eller bare *fleksible læringsrum*, fordi det er den enkelte kursist og dennes sproglige indretning, der bør være kernen i min undervisning.

I den kritiske tilgang kommer underviserens egen rolle under beskydning i lyset af magt- og dominansforholdet til kursisten. Hertil kan lægges sociale og kulturelle modsætninger imellem underviseren og kursisten. Tænk her på forskellen i status, løn og muligheder.

Hvordan kan jeg overhovedet tænke i *voksen-skældud* i sådan et forhold mellem voksne mennesker (et seriøst punkt på et personalemøde, jeg deltog i), hvor jeg som privilegeret underviser står med migranter og flygtninge og *holder* (noget af) *deres liv i mine hænder*?

Men hvad så med min egen praksis?

Den falder i alle tre kategorier, og det er der fornuftige grunde til, fordi der er stor forskel på kursister på niveau x.1 og x.6, uanset om de går på Danskuddannelse 1, 2 eller 3.

Kursister på begynderniveau x.1 og x.2 vil i en del tilfælde skulle begynde med det latinske alfabet, fonetiske lyde og simple grammatiske regler, og kombineret med deres egen skolebaggrund fra en kæft og trit-undervisning er der ikke meget at stille op med en *kritisk tilgang*.

Her begynder jeg ganske traditionelt og lærerstyret med at sige: Jeg hedder Ole! Hvad hedder du?

Det forhindrer mig ikke i at tænke konstruktivistisk og kreere undervisning og opgaver, der ligger inden for *zonen for nærmeste udvikling* (Vygoyskij) og etablere *stilladsering* (Brunner) for den enkelte med brug af alt fra "Opgaveskyen" over "Tilbudsaviser" til "Orienteringsløb" uden for klasselokalet.

Når kursisterne kommer op i niveau til fx x.3 og x.4, begynder jeg på en *konstruktivistisk approach*, hvor kursisterne arbejder sammen om de sproglige udfordringer med referencer til deres arbejds- og hverdagsliv med sammenligninger af deres erfaringer fra fortiden og deres nuværende arbejds- og hverdagsliv i Danmark.

I *toppen af poppen*, fx x.5 og x.6, kan jeg iagttage mine dygtige kolleger gå *kritisk* til værks i både undervisning i klassen og opgaver ud af huset, hvor der sættes *kritisk* fokus på arbejds- og hverdagsliv. Her diskuteres emner som ligestilling, ligeløn, fordeling af arbejdsopgaver i hjemmet og på arbejdspladsen, woke og ytringsfrihed osv.

Visiterede kursister til eller på niveauerne:	**Dominerende pædagogik med de fleksible læringsmiljøer:**
Modulniveau x.1 og x.2	*1. Den traditionelle pædagogik og de fleksible læringsmiljøer*
Modulniveau x.3 og x.4	*2. En konstruktivistisk pædagogik og de fleksible læringsmiljøer*
Modulniveau x.5 og x.6	*3. En kritisk pædagogik og fleksible læringsmiljøer*

Det gode kommunikative læringsrum set som en ø

Hvis jeg vender blikket indad og betragter det kommunikative læringsrum som *en isoleret ø* i *et stort hav*, kan jeg spørge mig selv om, hvad det gode kommunikative læringsrum er. Her giver det imidlertid mening at begynde med at spørge om det modsatte, nemlig om: *Hvad er det modsatte af det gode kommunikative læringsrum?*

Hvad svarer ChatGBT på det spørgsmål?

Det modsatte af det kommunikative læringsrum kan være et læringsmiljø, hvor der er begrænset kommunikation og dialog mellem eleverne og læreren. Dette kan resultere i en mere traditionel og ensrettet undervisningsstil, hvor underviseren primært taler, og eleverne primært lytter og modtager information passivt. I et sådant miljø er der måske ikke så meget fokus på elevernes aktive deltagelse, samarbejde og aktion med hinanden. Der kan også mangle plads til elevernes egne perspektiver, refleksioner og meninger, kommunikationen primært er envejs. Dette kan resultere i en mindre engagerende og interaktiv læringsoplevelse, hvor eleverne ikke får mulighed for at udvikle deres kommunikative færdigheder og kritiske tænkning gennem dialog.

Det ser ud til, at ChatGBT mener, at det modsatte af det kommunikative læringsrum er en *traditionel "tavle-til-røv"-undervisning*, som jeg selv oplevede det i den danske folkeskole i 60'erne.

Samler jeg op på ordene, der sætter *den traditionelle diskurs,* får jeg dette resultat:

- Begrænset kommunikation og dialog
- Mere traditionel og ensrettet undervisningsstil
- Underviseren primært taler og eleverne primært lytter
- Modtager passiv information
- Manglende plads til elevernes egne perspektiver, refleksioner og meninger
- Kommunikationen er primært envejs
- Mindre engageret og interaktiv læringsoplevelse
- Ikke ... udvikle deres kommunikative færdigheder og kritisk tænkning

Når jeg ser på denne beskrivelse af det modsatte af det gode kommunikative læringsrum, er jeg ikke i tvivl om, hvor faldgruberne befinder sig for min undervisning, hvor jeg skal passe på, at min egen rolle som en, der holder (for mange) *taler*, ikke kommer til at skygge for kursistens egen rolle i dialogen som aktiv, talende *agent* eller *forsker* udi det danske sprog.

Sproglige færdigheder erhverves nemlig bedst ved at bruge sproget i praksis, så derfor skal kursisten have så meget *taletid* som muligt.

Lad mig nu spørge ChatGBT om: *Hvad er det gode kommunikative læringsrum?*

Det gode kommunikative læringsrum er et miljø, hvor eleverne har mulighed for at kommunikere frit og åbent med hinanden og med læreren. Det indebærer, at der er en atmosfære af respekt, tillid og åbenhed, hvor eleverne føler sig trygge ved at udtrykke deres tanker og ideer. I det gode kommunikative læringsrum er der plads til forskellighed og mangfoldighed, og eleverne opfordres til at lytte til og respektere hinandens synspunkter. Der er fokus på aktiv lytning, konstruktiv feedback og dialog, så eleverne kan lære af hinanden og udvikle deres kommunikative færdigheder. Læreren spiller en vigtig rolle i at skabe det gode kommunikative læringsrum ved at facilitere samtaler, stille åbne spørgsmål og skabe rammer for refleksion og dialog. På denne måde kan eleverne opnå en dybere forståelse og læring gennem kommunikation og samarbejde.

Her ser jeg nogle andre værdier på spil i beskrivelsen af det gode kommunikative læringsrum, nemlig:

- Kommunikere frit og åbent med hinanden
- Atmosfære af respekt, tillid og åbenhed
- Trygge ved at udtrykke … tanker og ideer
- Plads til forskellighed og mangfoldighed
- De opfordres til at lytte og respektere hinandens synspunkter
- Aktiv lytning, konstruktiv feedback og dialog
- Lære af hinanden og udvikle kommunikative færdigheder
- Læreren skaber læringsrum og faciliterer samtaler
- Rammer for refleksion og dialog

Min og robottens påstand bliver, at *på denne måde kan kursisterne opnå en dybere forståelse og læring gennem kommunikation og samarbejde.*

Hvor den traditionelle undervisning giver underviseren en rolle som den primært talende og kursisten rollen som den primært lyttende, så vil det gode kommunikative læringsrum indebære en rolle for underviseren som den, der *spiller en vigtig rolle i at skabe det gode kommunikative læringsrum ved at facilitere samtaler, stille åbne spørgsmål og skabe rammer for refleksion og dialog.*

Det gode kommunikative læringsrum inden for dansk som andetsprog

Lad mig nu begive mig hen til det sted på *øen* for det kommunikative læringsrum, hvor det drejer sig om dansk som andetsprog, og stille spørgsmålet: *"Hvordan ser det gode kommunikative læringsrum ud inden for dansk som andetsprog?"*

Hertil svarer ChatGBT:

Inden for dansk som andetsprog er det gode kommunikative læringsrum præget af en inkluderende og støttende atmosfære, hvor eleverne har mulighed for at udvikle deres sprogfærdigheder gennem kommunikation og dialog. Her er nogle karakteristika ved det gode kommunikative læringsrum inden for dansk som andetsprog:

1. *Kulturel mangfoldighed: Eleverne kommer fra forskellige kulturelle baggrunde, og det gode kommunikative læringsrum værdsætter og respekterer denne mangfoldighed. Der lægges vægt på at skabe en inkluderende og åben atmosfære, hvor eleverne kan udtrykke deres kulturelle identitet og erfaringer.*
2. *Sprogstimulering: Eleverne opfordres til at kommunikere på dansk så meget som muligt for at styrke deres sprogfærdigheder. Læreren kan facilitere samtaler, gruppearbejde og øvelser, der giver eleverne mulighed for at praktisere og forbedre deres dansk.*
3. *Feedback og støtte: Eleverne modtager konstruktiv feedback og støtte fra både læreren og deres klassekammerater for at hjælpe dem med at udvikle deres sprogfærdigheder. Der er fokus på at skabe et trygt rum, hvor eleverne kan eksperimentere med sproget og lære af deres fejl.*
4. *Kulturel forståelse: Udover at udvikle sprogfærdighederne fokuserer det gode kommunikative læringsrum også på at fremme kulturel forståelse og interkulturel kommunikation. Eleverne opfordres til at dele deres kulturelle baggrund og erfaringer og lære af hinanden.*
5. *Differentieret undervisning: Da eleverne inden for dansk som andetsprog kan have forskellige sprogfærdigheder og*

behov, er det vigtigt at tilpasse undervisningen og kommunikationsaktiviteterne, så de passer til den enkelte elevs niveau og læringstempo. Det gode kommunikative læringsrum inden for dansk som andetsprog er således præget af en inkluderende, støttende og sprogstimulerende atmosfære, hvor eleverne har mulighed for at udvikle deres sprogfærdigheder og kulturelle forståelse gennem kommunikation og samarbejde.

Der findes næppe en underviser i dansk som andetsprog, som ikke vil nikke genkendende til denne beskrivelse af det kommunikative læringsrum i dansk som andetsprog, så lad mig derfor fremhæve nogle få pointer, som er specifikke for netop dette felt.

- Kulturel mangfoldighed baseret på de voksnes kursisters egne kulturelle identiteter
- Interkulturel kommunikation baseret på kursisternes mangfoldige kulturelle baggrunde, fx nationale, religiøse, historiske og sproglige

Det karakteristiske er mine kursisters forskellige baggrunde, funderet i deres egne forskellige historier, nationaliteter, etniske og religiøse baggrunde samt deres opvækst med forskellige sprog.

Det betyder i praksis, at jeg skal håndtere mine voksne kursisters mangfoldige sider, men også, at denne udfordring kan være *den hjælpende hånd*, når alle mine kursister forstår og accepterer hinandens forskelligheder. Når de kursister, der kan mest dansk, også påtager sig at være "hjælpelærere" og bidrager til undervisningen med hints, oversættelser og forklaringer på egne eller mellemsprog, fordi sproglig aktivitet på stærkeste sprog er vigtig for læring og forståelse af det faglige stof (translanguaging).

Hvad er udfordringerne, dilemmaerne, risiciene og succeskriterierne?

Derfor vil jeg stille spørgsmålet om: *Hvad er udfordringerne, dilemmaerne, risiciene og succeskriterierne for det kommunikative læringsrum i dansk som andetsprog?*

På mit spørgsmål svarer CharGBT således:

Udfordringerne ved det kommunikative læringsrum inden for dansk som andetsprog kan omfatte:

1. *Sproglige barrierer: Elever, der lærer dansk som andetsprog, kan have svært ved at udtrykke sig korrekt og flydende på dansk, hvilket kan begrænse deres evne til at kommunikere effektivt.*
2. *Kulturelle forskelle: Elever med forskellige kulturelle baggrunde kan have forskellige kommunikationsstile og forventninger, hvilket kan føre til misforståelser og udfordringer i kommunikationen.*
3. *Selvtillid: Elever, der lærer dansk som andetsprog, kan have lav selvtillid i forhold til at deltage aktivt i kommunikationen på grund af sproglige usikkerheder.*

Dilemmaerne ved det kommunikative læringsrum inden for dansk som andetsprog kan omfatte:

1. *Balancen mellem sprogstimulering og støtte: Det kan være en udfordring at finde den rette balance mellem at udfordre eleverne til at kommunikere på dansk og samtidig støtte dem i at udvikle deres sprogfærdigheder.*
2. *Inklusion og differentiering: Det kan være svært at sikre, at alle elever føler sig inkluderet og har mulighed for at deltage aktivt i kommunikationen, når der er forskelle i sprogfærdigheder og baggrunde.*

Risiciene ved det kommunikative læringsrum inden for dansk som andetsprog kan omfatte:

1. *Misforståelser: På grund af sproglige og kulturelle forskelle kan der opstå misforståelser og fejlfortolkninger i kommunikationen.*
2. *Lav deltagelse: Elever, der føler sig usikre på deres sprogfærdigheder, kan være tilbageholdende med at deltage aktivt i kommunikationen, hvilket kan begrænse deres muligheder for at lære og udvikle sig.*

Succeskriterierne for det kommunikative læringsrum inden for dansk som andetsprog kan omfatte:

1. *Aktiv deltagelse: Elevernes aktive deltagelse i kommunikationen og dialogen er afgørende for succes.*
2. *Sprogudvikling: Elevernes evne til at kommunikere effektivt på dansk og udvikle deres sprogfærdigheder er en vigtig succesfaktor.*
3. *Kulturel forståelse: Elevernes evne til at forstå og respektere hinandens kulturelle baggrunde og kommunikationsstile er afgørende for et vellykket kommunikativt læringsrum.*

Anden del

Min mission: På sprogskolen lærer jeg dig dansk til dit arbejds-og hverdagsliv. (Ole Bendix)

Hvad er min mission i det kommunikative læringsrum?

Dette er måske et af de vigtigste spørgsmål jeg overhovedet kan stille mig selv i min undervisergerning. For hvad er min *kerneopgave – min mission* – når jeg bevæger mig ind på sprogskolen og ind i klassen, hvor jeg møder mit hold?

I enhver anden virksomhed ville det være kundens behov, som virksomheden skulle imødekomme. Men problemet er her på sprogskolen, at mine *kunder* er mine *kursister,* og kursister er ikke bare kursister, fordi 1) nogle betaler selv og 2) andre får betalt deres sprogundervisning, og så er "kunden" måske den, der står bag kursisten og betaler, fx via overførelsesindkomster fra det offentlige. Men ændrer det grundlæggende på min egen personlige mission?

Næ, egentlig ikke, fordi hver eneste kursist er en *kunde* i "min" *undervisningsbutik,* og derfor har mine *"kunde-sister"* krav på at blive undervist optimalt ud fra deres forudsætninger i det fællesskab, som holdet udgør på sprogskolen.

Problemstillingen er her, at sprogskolen og min opfattelse af mission, vision og værdier ikke nødvendigvis er i overensstemmelse med hinanden, fordi sprogskolen får betaling for undervisning fra det offentlige, fx kommunen. Derfor bliver det endnu vigtigere for sprogskolen som virksomhed at stille sig spørgsmålet:

"Hvem vil vi gøre noget særligt for?"

("Fornyelsestræet")

I min (daværende) arbejdsgivers Vision (AOF) er det formuleret således:

Have systematisk dialog med brugerne om den gennemførte læring samt kommende læringsbehov. Så systematisk dialog, at vi konstant understøtter de mest relevante læringsbehov.

AOF lægger her vægt på begrebet "systematisk dialog" med "sine brugere", og lad mig derfor lave et eksperiment, hvor jeg formulerer en mission med afsæt i AOFs vision.

En mission med få ord

En mission må gerne være af en karakter, der også forstås af mine kommende "kunder" – dvs. kursister, så derfor har jeg brug for en formulering, der både rummer min forståelse og omverdenens forståelse af missionen.

Til dette eksperiment skal jeg bruge nogle af ordene fra visionen. Det gælder primært et aktivt verbum (udsagnsord) også kaldet et "værdiord" og et substantiv (navneord) til at sætte retning på den primære handling i min mission.

Lad os lege lidt med ordene uden brug af ChatGBT:

Det kunne fx se således ud:

"AOF-sprogskolen **systematiserer dialogen** med sine kursister"

Ups, lyder det som noget fra DDR-tiden?

Lad os i stedet springe over i en anden boldgade og bruge nogle helt andre ord på sagen, fx "job og dansk", der indgik i min mailadresse olb@aofjobogdansk.dk. Og når jeg så husker, at det hedder at gå *på sprogskole*, ligger det lige for at kombinere mig frem til denne formulering:

" På (AOF-) sprogskolen i **job og dansk**"

Det lyder dog ikke ligefrem som en sproglig perle. Desuden er problemet, at det kan misforstås som, at sprogskolen leverer job, og det gjorde vi ikke. Der mangler ganske enkelt noget, som giver mening på dansk, og det kunne være et *handlingsord* dvs. et *verbum ("værdiord")*.

Men så kommer spørgsmålet om at gøre sætningen endnu mere

læsbar for mine kommende kursister ved at sætte kursisten i *centrum* for min mission og derfor min undervisning:

”**Du lærer** dansk til job **på sprogskolen**”

Her flytter jeg sprogskolen fra forgrund til baggrund, og omvendt flytter jeg kursisten i formen personlig pronominen ”Du” fra baggrunden til forgrunden. Og det er vel min fornemmeste mission at gøre en forskel for kursisten, hvilket også kan siges at måtte være missionen for sprogskolen: at du som kursist lærer det danske sprog i sådan en grad, at du kan begå dig i job, i hverdagen og som borger i det danske samfund.

Men problemet er, at sætningen kan misforstås, som om du får et job på selve sprogskolen, når du lærer dansk der. Det gør du ikke.

Der findes naturligvis et alternativ, men som bliver upersonligt, når jeg fjerner ”du” og i stedet vælger bydeform:

”**Lær dansk** til job **på sprogskolen**”

Igen går det galt med det forenklede, fordi sætningen kan læses som ”uddannelse til et job på sprogskolen”, og det kommer der ikke umiddelbart ud af deltagelse på dansk som andetsprog på sprogskolen.

Men hvad så med denne her bydeform:

”**Lær** dansk på sprogskolen”

Det helt enkle ligger godt i munden, men hvor blev min mission af?

Jeg er nemlig ikke kun ansat til at lære kursisterne dansk. Jeg er ansat til at lære dem dansk, som de skal kunne anvende både til at få et job, være i et job og kunne skifte job.

Hertil kommer at kunne gebærde sig på dansk i en hverdag i Danmark med naboer, indkøb, dialog med myndigheder og private institutioner som fx din bankforbindelse.

Vi prøver igen med det nærliggende verbum ”læres”, som spiller godt sammen med det *kommunikative læringsrum* og ikke mindst *på sprogskolen*:

"**På sprogskolen læres** dansk mod job"

Her har vi verbet i "lideform" dvs. en passiv form, men jeg *drømmer* om et udsagn i aktiv form. Derfor ville verbet i nutid og aktiv form bedre beskrive min mission. Lad os prøve igen:

"**På sprogskolen lærer** du dansk til job"

Ikke bare lyder denne mission mere *politisk korrekt* hele vejen rundt forbi det politiske, kommunens jobcenter, arbejdsgiverne, AOF-sprogskolen og min egen habitus. Jeg kan også oversætte missionen, så den kan forstås og give mening for mine kursister.

At jeg så i min dagligdag oversætter den således: "På sprogskolen lærer jeg dig dansk til arbejds- og hverdagsliv", gør vel ikke hverken fra eller til.

Jeg ender altså med denne formulering som min og sprogskolens *fælles mission* for min undervisning:

"På sprogskolen lærer du dansk til job"

Og i min egen personlige udgave lyder det sådan her:

"På sprogskolen lærer jeg dig dansk til arbejds- og hverdagsliv"

Og inden du nu tænker højt og udbryder: "Selvfølgelig!", vil jeg blot spørge dig om, hvor meget modultest egentlig fylder i din og min daglige undervisning!

Min og sprogskolens mission i samklang

Lad mig præcisere missionen for sprogskolen, sprogunderviseren og mig personligt. Jeg begynder med sprogskolen:

"Sprogskolen lærer dig dansk til job"

Her får jeg substantivet "Sprogskolen", som afsender og et aktivt verbum "lærer" som handlingen, der skal fører til et objekt = "job" til kursisten.

Jeg kunne også kalde (verbum) "lærer" for et ***værdiord***, dvs. det ord, der skaber værdi for *selve missionen*, hvis mål det er at skaffe "job" til kursisten.

Når det gælder min egen mission som underviser, kunne missionen formuleres således:

"Sprogunderviseren lærer dig dansk til arbejds- og hverdagsliv"

Her får substantivet "sprogunderviseren" og et aktivt verbum "lærer" værdi for handlingens objekt = " arbejds- og hverdagsliv".

Og når det bliver til min egen personlige mission på dagen på klassen, lyder det således:

"Jeg lærer dig dansk til dit daglige liv"

Her overtages substantivet af pronominer i 1. og 2. person og bliver til et personligt forhold mellem **mig** som et "**jeg**" og kursisten i "**dit**" daglige liv.

Lad os opsummere begreber til brug for en kommende narrativ fortælling:

Hjælper	**Subjekt**	**Objekt**
Sprogskolen	Lærer dig dansk	(til) job
Sprogunderviseren	Lærer dig dansk	(til) arbejds- og hverdagsliv
Mig	Lærer dig dansk	(til) dit daglige liv

Jeg er naturligvis professionel "sprogunderviser" og kender min mission og sprogskolens mission, men inde i sprogunderviseren er jeg også mig. Og jeg er som "mig" i daglig kontakt med kursisten, som et "dig" i "(til) dit daglige liv".

Det er underviseren, som har den personlige kontakt med kursisten gennem undervisningen, som en kursist beskrev det i min bog

"Undskyld Hr. lærer – må jeg spørge ..."

"Så bliver skolen et varmt fristed, hvor man føler med identitet du får venner, de første venner og måske de eneste, du får i dit nye land .

Skolen er det vigtigste for de fleste af os i skolen finder vi forståelse, den samme forståelse, som vi i mange tilfæld ikke finder derhjemme, på gaden eller på arbejdet

Der er ingen afvisning her og lidt efter lidt er underviserne også venner, vi tror, at de forstår og endnu bedre, de accepterer os, som vi er. underviserne begynder at forstå din måde at kommunikere på med vores dårligt udtalte ny sprog.

De formår på en eller anden måde at fortår, hvad vi siger, de værdsætter vores indsats, og vi værd sætter deres empati."

Jeg befinder mig her i den personlige zone, mens selve sprogskolen repræsenterer den sociale zone, og derfor er der også forskel på mission, vision og værdier mellem sprogskolen og underviseren – selvom der naturligvis skal være samklang.

Min mission handler om "hv-ord"

Hvorfor (målet): Jeg har næsten besvaret spørgsmålet om missionens hvorfor – nemlig *målet* – med formuleringen om, at jeg lærer mine kursister dansk, for at de kan få et job og forsørge sig selv samt få et hverdagsliv til at fungere. Kort sagt et vellykket liv. Det er i øvrigt et af de hyppigste svar jeg får. Når jeg spørger: *Hvad drømmer du om?* eller *Hvad skal du bruge dansk til?* svarer de få af mine kursister, der endnu ikke er i job: *Jeg drømmer om et godt job!*

Hvordan (midlet): Jeg vil her pege på mit arbejde med *det gode kommunikative læringsrum inden for dansk som andetsprog er således præget af en inkluderende, støttende og sprogstimulerende atmosfære, hvor eleverne har mulighed for at udvikle deres sprogfærdigheder og kulturelle forståelse gennem kommunikation og samarbejde.*

Men jeg bruger også mange eksempler, relationer, materialer, erfaringer og sproglige referencer til job og til arbejdsdagen på en dansk arbejdsplads og i mange tilfælde med lokale eksempler, hvilket lever op til kravene i Fagbeskrivelsen – her fra modul 2.4:

> *I undervisningen arbejdes der med, at kursisten udvikler kommunikative kompetencer inden for emnerne:*
> *Arbejde, fx:*
> *Konkrete situationer på en arbejdsplads*
> *Eventuel tidligere beskæftigelse og sammenligning med tilsvarende beskæftigelse i Danmark og med eventuel aktuel arbejdspraktik/beskæftigelse*
> *Beskrivelse af egne kompetencer og udarbejdelse af CV*
> *Erhvervsstruktur og jobmuligheder i lokalsamfundet*
> *Jobsøgningsmetoder, fx annoncelæsning på internettet, anvendelse af eget netværk, enkel jobsamtale*

Jeg snakker meget med mine kursister om deres job, joberfaringer eller praktik og lader det indgå i dialog-øvelser, spørge-spil og konkrete besøg hos eller besøg af lokale arbejdsgivere eller lønmodtagere.

Hvorhen – kursistens personlige mål: På den korte bane går turen til modultest x.1, x.2, x.3, x.4, x.5 og sluttelig x.6, men på den længere bane går vejen blot over disse *bump på vejen* mod et arbejds- og hverdagsliv. Det indebærer, at den daglige undervisning bør relatere sig til kursisternes *fortid*, *nutid* og *fremtid*, fordi voksne kursister allerede har etableret en identitet med afsæt i fortiden og står midt i en række valgte beslutninger og deres konsekvenser i min undervisning (nutid) med kurs mod en fremtid, som ifølge *min mission* og sprogskolens handler om et arbejds- og hverdagsliv i Danmark.

Når mine kursister begynder på dansk som andetsprog uden job, er modultesten *målet* og undervisningen *midlet*, men efterhånden som mine kursister består modultest og kommer i job, skifter deres fokus, og nu bliver modultestene *midlet* til at nå *målet* om et arbejds- og hverdagsliv i Danmark.

I begyndelsen er selve sprogskolen, undervisningen og holdet, de går på, deres sociale basis uden for hjemmet. Med jobbet får de adgang til en anden social dimension – kolleger og en ny status – sammenholdt med, at de er og bliver bedre til at gebærde sig på det danske sprog.

Op i en helikopter – Koncepter og strategier

Min tidligere arbejdsgivers overordnede vision lød således:

> "Arbejdernes Oplysnings Forbund vil være det foretrukne valg omkring oplysnings- og læringsbehov."

Inden for denne *visionære* ramme har jeg formuleret en mission for mit område (og sprogskolens), som er lig med det specifikke område, som AOF har som sin sprogskole i dansk som andetsprog.

Mission	***Strategi***	***Koncepter***	***Ydelser***
"På sprogskolen lærer du dansk til job" *Min mission: På sprogskolen lærer jeg dig dansk til dit arbejds- og hverdagsliv.* AOF har andre forretningsområder...	Undervisning af kursister på modulniveauer inden for Dansk uddannelse 1, 2 og 3 samt visitering og afholdelse af modultest hver måned. Undervisning af mine hold og forberedelse til modultest, *men også en undervisning, der peger længere frem end test, nemlig mod deres arbejds- og hverdagsliv.* med andre strategier...	Dansk som andetsprog på lokale skole-lokaliteter med uddannede lærere i klasserum *Mine valg af metoder og materialer, der gennem tilrettelagte øvelser og ekskursioner i lokalområdet forbereder de enkelte kursister på holdet til deres kommende eller nuværende arbejds- og hverdagsliv.* og andre koncepter...	**Undervisning:** Visitationer Lektioner Modultest **Administration:** Betaling Aftaler med de offentlige myndigheder Organisering og registrering af modultest Testbeviser *Min konkrete undervisning baseret på metodefrihed og professionel indsigt i mine kursisters sproglige habitus.* samt ydelser

Hvad med et reformuleret værdigrundlag?

Lad os spørge ChatGBT om en formulering af et værdigrundlag med afsæt i den fælles mission:

"På sprogskolen lærer du dansk til job"

og min mission som underviser:

På sprogskolen lærer jeg dig dansk til arbejds- og hverdagsliv.

Robotten uddyber således med et tilhørende værdigrundlag:

"Vores værdigrundlag er at sikre, at vores kursister opnår de nødvendige sprogkundskaber til at kunne begå sig både i arbejdslivet og i hverdagen.

Vi stræber efter at skabe et læringsmiljø, der er motiverende, relevant og tilpasset den enkeltes behov, således at vores kursister opnår konkrete kompetenceløft, der gør en positiv forskel i deres liv.

Vi er dedikerede til at være en mobil og tilpasningsdygtig organisation, der konstant arbejder på at imødekomme vores kursisters behov og sikre, at de opnår de ønskede resultater."

Nu er det ikke AOF-sprogskolens "systematiske dialog", der er i centrum for missionen eller min mission som underviser i systemet, men derimod "at imødekomme vores kursisters behov" for "et kompetenceløft, der gør en positiv forskel i deres liv".

Tredje del

Den narrative fortælling

Lad os begynde med at stille ChatGBT spørgsmålet:

Hvorfor er den narrative fortælling vigtig for en organisation, der underviser kursister fra hele verden i dansk som andetsprog?

ChatGBT svarer således:

Den narrative fortælling er vigtig for en organisation, der underviser kursister fra hele verden i dansk som andetsprog, da den kan skabe en sammenhæng og meningsfuld historie om organisationens værdier, mission og vision.

En stærk narrativ identitet kan bidrage til at skabe engagement og tiltrække både kursister og medarbejdere, som deler organisationens værdier og mål.

Desuden kan en god narrativ fortælling være med til at skabe en følelse af fællesskab og tilhørsforhold blandt kursisterne, da de kan identificere sig med historien og føle sig en del af noget større. Dette kan være med til at styrke motivationen og fastholdelsen af kursisterne, da de føler sig (som) en del af en fælles rejse mod at lære dansk som andetsprog.

Endelig kan en stærk narrativ fortælling også være med til at differentiere organisationen fra konkurrenterne og skabe en unik position på markedet. Ved at fortælle en autentisk og engagerende historie kan organisationen adskille sig fra andre udbydere af danskundervisning og skabe en stærkere tiltrækningskraft på potentielle kursister.

Pointerne er altså, at den narrative fortælling skaber:

- Sammenhæng og mening
- En stærk identitet og et stærkt engagement
- En følelse af fællesskab og tilhørsforhold

- En stærk motivation og fastholdelse (gennem en fælles rejse)
- Differentiering mellem organisationen og konkurrenterne

Lad os sammenligne med argumentationen i bogen "Historiefortælling i praktisk kommunikation":

Når fortællingen er en stærk ressource, er det ikke bare, fordi den kan reducere en kompleks virkelighed. Det er også, fordi den giver mening til de mangeartede daglige handlinger i en virksomhed, som måske ikke har nogen umiddelbar mening. (...) Fortællingen er nemlig den måde, vi organiserer vores erfaringer på i tid (...) Fortællingen giver tingene sammenhæng, forklarer de ubehagelige trusler og tilbageslag og motiverer til at give afkald og nå de højere mål (...) Vi narrativiserer derfor fortiden og får den til at fremstå som meningsfuld, målrettet og overskuelig (...) Vi rekonstruerer vores fortid og nutid og medkonstruerer dermed retning og mening for vores fremtid. (ibid s. 49)

Vi genkender straks pointerne fra før:
- Sammenhæng og retning
- Styrke motivation og fastholdelse (gennem højere mål)

Dertil fremhæver forfatteren i bogen:
- Fortællingen som måden, vi organiserer vore erfaringer i tid
- Fortællingen skaber sammenhæng mellem handlinger

Hvilket tilsammen er med til at skabe:
- En stærk identitet og engagement
- En følelse af fællesskab og tilhørsforhold

Et narrativ om sejre?

Lad os inddrage Henrik Dahls "Minerva-model" om "Karakteristiske fortællinger" – altså arketypiske narrativer:

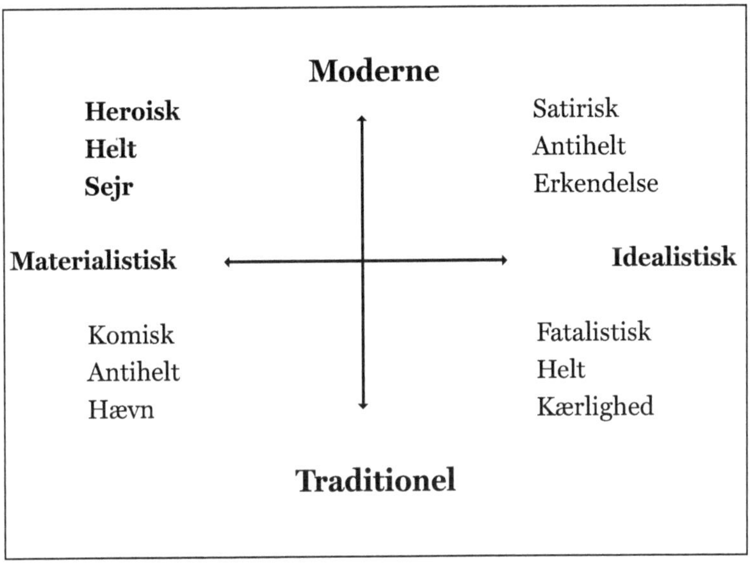

I vores arrative fortællinger er vi ikke optaget af de klassiske mål for fortællingen som "hævn", "kærlighed" eller "erkendelse" i form af en morale, men derimod af en "sejr" for vores helt – kursisten.

At vejen til "sejr" for min kursist går gennem *viden om dansk*, er ikke en erkendelsesproces som sådan, for den erkendelse ligger så at sige *forud*, fordi den er forudsætningen for at gå i gang med at lære dansk som andetsprog, nemlig erkendelsen af, at det at opnå et meningsfuldt arbejds- og hverdagsliv i Danmark kræver gode danskkundskaber.

Kursistens "sejre" begynder med "kampene" med at bestå danskuddannelsens moduler 1.1, 2.1 eller 3.1 og fortsætter frem mod 1.6, 2.6 og 3.6 – danskprøven!

Og de foregår til jobsamtaler og til alle andre samtaler med kolleger, ansatte, socialrådgivere, chefer, naboer, spillerne i den lokale forening, deltagerne ved Sankthansaften om bålet osv.

Lad os se på *aktant-modellen*

Denne model af Vladimir Propp kaldes også for "Eventyr modellen" og indeholder en række "aktanter", dvs. positioner, hvor deltagerne i en fortælling er placeret. Han havde analyseret gamle folkeeventyr og opdaget, at en række *aktanter* (roller, positioner og begreber) gik igen, fx helte, skurke og konflikt.

I grundmodellen har vi en giver, et objekt og en modtager på den såkaldte kommunikationsakse, der besvarer spørgsmålet hvorfor – målet med historien.

På konfliktaksen har vi hjælper, subjekt og modstander, der rummer konflikten, der skal forløses.

På den lodrette akse har vi projektaksen, hvor forholdet mellem subjektet – helten – og objektet udfolder sig.

Aktantmodellen

Aktantmodellen eller ”Eventyrmodellen”:

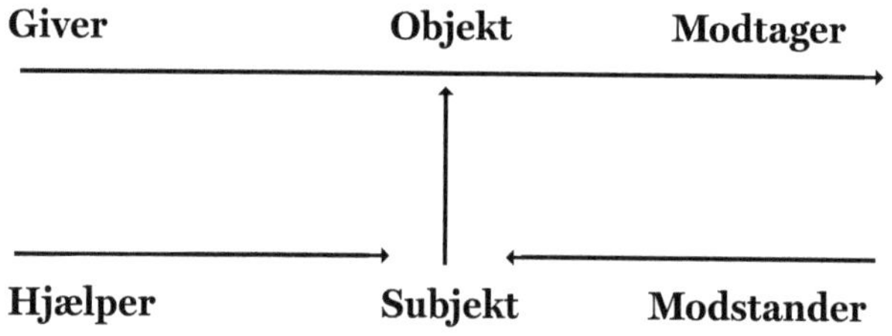

I aktantmodellen kan jeg indsætte eventyret om ”Klods Hans og se, hvordan aktanterne fordeler sig. På kommunikationsaksen er det kongen som Giver der tilbyder sin prinsesse som Objekt (og det halve kongerige) til den der kan få prinsessen og dermed bliver Modtager. På konfliktaksen møder Subjektet Klods Hans både Modstander i form af hans brødre og Hjælper i form af mudder, en død krage og geden som ridehest.

På projektaksen (Giver-Objekt-Modtager) er målet for subjektet at modtage Objektet dvs. Prinsessen i eventyret om Klodshans.

Et eventyr som fx Klodshans handler om personer, men det er også muligt at se eventyret som et *system* og dermed en historie om kongerigets overlevelse og fremtid.

Hvordan kommer eventyret om Klodshans til at se ud i perspektiverne hhv. Klodshans og Kongeriget?

	Kongerigets narrativ	**Klodshans' narrativ**
Giver	*Kongemagten*	Hvem har det, som subjektet gerne vil have? (Fx kongen i eventyret "Klodshans" af H.C. Andersen)
Objekt	*Prinsessen og hendes evne til at finde en mand og føre slægten/kongeriget videre, dvs. at få hende i godt (parrings-)humør*	Hvad er det, som subjektet vil have? *(Fx Prinsessen i "Klodshans)*
Modtager	*Kongerigets fortsatte eksistens*	Hvem får objektet? *(Fx Klodshans i "Klodshans")*
Hjælper	*Klodshans og hans morsomme indfald med kragen, mudder og geden m.m.*	Hvem hjælper subjektet? *(Fx kragen, mudder og geden i "Klodshans")*
Subjekt	*Prinsessen som repræsentant for kongeriget og dets fremtid.*	Hvem er det, som skal have noget? *(fx Klodshans i "Klodshans")*
Modstander	*Prinsessens manglende livslyst (indtil mødet med Klodshans)*	Hvem modarbejder subjektet? *(fx De to brødre i "Klodshans")*

Hvordan vil sprogskolen og dens mission se ud i "eventyret" om kursisternes vej til at lære dansk som andetsprog? Og hvordan ser det ud fra underviserens synsvinkel? Og hvem indtager positionerne i de to narrativer?

Eventyret om sprogskolen og underviseren

Som jeg tidligere har påpeget, er der forskel på sprogskolens og underviserens position i fortællingen og dermed i aktantmodellen, fordi de er placeret i forskellige positioner i forhold til kursisten.

Sprogskolen er rammen, hvor underviseren og kursisten mødes dagligt, og kun undtagelsesvis møder kursisten sprogskolens øvrige ansatte (især i satellit-afdelingerne).

	Sprogskolens narrativ	**Underviserens narrativ**
Giver	*Stat og lovgivning*	*Sprogskolen og dens rammer samt ansættelsesbetingelser*
Objekt	*Undervisning i DSA*	*På sprogskolen lærer underviseren dig dansk til dit arbejds- og hverdagsliv.*
Modtager	*Kursisterne og det danske samfund*	*Kursisten og dennes muligheder for et arbejds- og hverdagsliv.*
Hjælper	*Sprogskolen*	*Underviseren med sin undervisning*

Subjekt	*Kursisterne*	*Kursisten er blevet deltager på sprogskolen*
Modstander	*Kursisternes manglende fremmøde*	*Alle positioner, der modarbejder kursistens muligheder og motivation for at modtage relevant undervisning*

Hvorfor er sprogskole eller underviser ikke i "subjektet" og dermed i *heltens* position? Simpelthen fordi den position kun kan tilhøre kursisten, men kursisten kan naturligvis selv fortælle sit eventyr med sprogskolen eller underviseren i heltens rolle.

Man kan aldrig være helten i sit eget fortalte eventyr – det ville være lig med at prale. Det skal man have andre til!

Hjælperens rolle er ganske enkelt den vigtigste position i eventyret – den eller det, der giver eventyrets plot værdi, mening og forståelse.

I H.C. Andersens eventyr om "Klodshans" er det geden, han rider på, i kombination med den døde krage og mudderet, han samler op, som forløser eventyret om en prinsesse, der skal blive glad og grine. Det lykkes som bekendt ikke for Klodshans' flotte brødre på fine heste og med retoriske talegaver. Men Klodshans får prinsessen til at le ved sin ærlige og ligefremme måde at være på, og så får Klodshans både hende til kone og det halve kongerige.

Historien om sprogskolen

Jeg bad ChatGBT skrive historien om Sprogskolen med afsæt i aktantmodellen (eventyrmodellen) i "Underviserens narrativ".

Min formulering til ChatGBT lød således:

Skriv en historie om Sprogskolen, og om hvordan underviseren lærer kursisten dansk og om muligheder for kursistens arbejds- og hverdagsliv. Det handler om kursistens og dennes families fremtidige liv i Danmark, hvor underviseren hjælper kursisten med at overkomme psykiske, sociale, kulturelle og sproglige hindringer på kursistens vej til et liv i det danske samfund

og så kom dette eventyr frem på skærmen:

"I en lille by i Danmark lå Sprogskolen, et sted fyldt med liv, læring og håb. Her kom mennesker fra hele verden for at lære dansk og finde deres plads i det danske samfund.

En af kursisterne var Fatima, en ung kvinde fra Syrien, der havde flygtet fra krigen med sin mand, Amir, og deres lille datter, Leila. De drømte om et bedre liv i Danmark, men udfordringerne var mange.

Fatima startede på Sprogskolen en tidlig mandag morgen. Hun var nervøs, men også spændt. Underviseren, Lars, mødte hende med et varmt smil. Han vidste, at det at lære et nyt sprog kunne være en stor udfordring, især når man også skulle navigere i en ny kultur og et fremmed samfund.

Lars havde mange års erfaring med at undervise udlændinge, og han var fast besluttet på at hjælpe Fatima med at overvinde de hindringer, hun stod overfor.

I de første lektioner fokuserede Lars på de grundlæggende sætninger og ord, som Fatima kunne bruge i hverdagen. De øvede sig på at bestille mad, spørge om vej og tale om vejret. Fatima var flittig og engageret, men hun kæmpede med sin selvtillid.

Hver gang hun skulle tale, blev hun nervøs og glemte ordene.

Lars bemærkede dette og besluttede at tage en anderledes tilgang. Han begyndte at inddrage rollespil i undervisningen, hvor Fatima kunne øve sig i trygge rammer. De lavede små scenarier, hvor Fatima skulle handle i en butik eller tale med en nabo.

Lars opmuntrede hende til at lave fejl, for det var en del af læringsprocessen. Langsomt begyndte Fatima at føle sig mere sikker, og hun kunne se, hvordan hendes danske færdigheder forbedredes.

Udover de sproglige udfordringer havde Fatima også brug for hjælp til at forstå det danske samfund. Lars introducerede emner som dansk kultur, arbejdsmarkedet og sociale normer. De talte om, hvordan man kunne finde job, hvordan man kunne deltage i fællesskaber, og hvordan man kunne navigere i systemet.

Fatima blev mere og mere motiveret, da hun indså, at hun kunne bidrage til samfundet og skabe en fremtid for sin familie. En dag, efter en lektion, spurgte Fatima Lars, hvordan hun kunne finde et job.

Lars hjalp hende med at skrive et CV og forberedte hende til jobsamtaler. De øvede sig på typiske interviewspørgsmål, og Lars gav hende tips til, hvordan hun kunne præsentere sig selv.

Fatima følte sig nervøs, men også håbefuld. Efter flere uger med hårdt arbejde og støtte fra Lars, fik Fatima en (prøveperiode) som pædagogmedhjælper i en børnehave. Hun var nervøs, men Lars mindede hende om, hvor meget hun havde lært, og at hun havde noget værdifuldt at tilbyde.

Samtalen gik godt, og kort tid efter fik hun jobbet. Fatima kunne næsten ikke tro det – hun havde taget det første skridt mod et nyt liv. Med sin nye stilling fik Fatima ikke kun mulighed for at forsørge sin familie, men hun fik også et netværk af kolleger og venner.

Hun begyndte at føle sig mere integreret i det danske samfund. Hendes mand Amir fandt også et job som mekaniker, og sammen kunne de nu give Leila en tryg og stabil opvækst.

Lars fortsatte med at følge Fatimas rejse. Han var stolt af hendes fremskridt og vidste, at hun var et eksempel på, hvordan sprog og kultur kunne åbne døre.

Fatima og hendes familie begyndte at deltage i lokale arrangementer, og de lærte at fejre danske traditioner, samtidig med at de bevarede deres egne.

Historien om Fatima er en fortælling om mod, håb og muligheden for at skabe et nyt liv. Sprogskolen blev ikke bare et sted for læring, men et sted for transformation, hvor mennesker kunne overvinde deres frygt og finde deres plads i et nyt samfund. Med støtte fra undervisere som Lars kunne kursisterne som Fatima se frem til en lysere fremtid i Danmark, hvor de kunne bidrage til samfundet og give deres børn de bedste muligheder."

Hvilken underviser i dansk som andetsprog kan ikke nikke genkendende til denne historie og endda bidrage med en lignende fortælling?

Det kan jeg faktisk selv, og jeg følger i dag familier, der er lykkedes med at få et dansk hverdags- og arbejdsliv op at stå efter færdiggørelsen af deres forløb på sprogskolen.

Værdigrundlag for både Sprogskolen og underviseren

Så hvilke værdier går hånd i hånd med vores historie? Det spurgte jeg ChatGBT om, og se bare løjer. Her følger et nyt værdigrundlag for Sprogskolen, og med spørgsmålet om et værdigrundlag for underviseren med afsæt i min mission kommer ChatGBT op med disse forslag:

	Nyt værdigrundlag for sprogskolen	**Nyt værdigrundlag for underviseren**
1.	Inklusion og Mangfoldighed Sprogskolen værdsætter mangfoldighed og stræber efter at skabe et **inkluderende miljø**, hvor alle kursister, uanset baggrund, føler sig velkomne og respekterede. Vi anerkender, at hver enkelt person bringer unikke erfaringer og perspektiver, som beriger vores fællesskab.	Respekt: Jeg tror på, at alle har ret til at blive mødt med respekt og værdighed. I undervisningen skaber jeg et trygt og **inkluderende miljø**, hvor alle elever føler sig velkomne og værdsatte, uanset deres baggrund eller sproglige niveau.

2.	Læring gennem Tryghed Vi tror på, at læring blomstrer i trygge rammer. Sprogskolen skaber et miljø, hvor kursisterne kan føle sig **sikre og støttede** i deres læringsrejse. Vi opfordrer til at lave fejl som en naturlig del af læringsprocessen, hvilket fremmer selvtillid og mod til at kommunikere.	Empati: At lære et nyt sprog kan være en udfordrende rejse. Jeg stræber efter at forstå mine elevers individuelle behov og udfordringer, og jeg arbejder aktivt på at støtte dem i deres læringsproces med **tålmodighed og forståelse**.
3.	3. Praktisk Sprogundervisning Vi fokuserer på praktisk og relevant sprogundervisning, der forbereder kursisterne til at navigere i hverdagen. Gennem rollespil og virkelighedsnære scenarier lærer vi kursisterne at bruge dansk i konkrete situationer, hvilket gør dem bedre rustet til **at interagere i det danske samfund.**	Engagement: Jeg er passioneret omkring sprogundervisning og engagerer mig fuldt ud i mine elevers læring. Jeg tilpasser mine undervisningsmetoder for at sikre, at de er relevante og effektive, så mine elever kan **anvende deres danske færdigheder i både arbejds- og hverdagsliv.**
4.	4. Kulturel Forståelse Sprogskolen integrerer **undervisning i dansk kultur**, sociale normer og arbejdsmarkedet i sprogundervisningen. Vi mener, at forståelse for kulturen er afgørende for at kunne deltage aktivt i samfundet og skabe relationer.	Kulturforståelse: At lære dansk handler ikke kun om sproget, men også om **at forstå den danske kultur**. Jeg integrerer kulturelle elementer i undervisningen for at hjælpe mine elever med at navigere i det danske samfund og arbejdsmarked.

5.	Personlig Udvikling Vi støtter kursisternes personlige udvikling og stræber efter at hjælpe dem med at opnå deres individuelle mål. Uanset om det handler om at finde et job, opbygge et netværk eller forbedre deres sprogkundskaber, er vi dedikerede til at hjælpe dem med at realisere deres drømme.	Fleksibilitet: Jeg anerkender, at hver elev har sin egen læringsstil og tempo. Jeg er fleksibel i min tilgang og tilpasser undervisningen for at imødekomme de forskellige behov og mål, som mine elever har.
6.	Engagerede Undervisere **Vores undervisere er passionerede og erfarne fagfolk**, der brænder for at hjælpe kursisterne med at lære. De skaber engagerende og motiverende undervisningsmiljøer, hvor kursisterne kan trives og udvikle sig.	Kvalitet: Jeg forpligter mig til at levere undervisning af høj kvalitet. **Jeg holder mig opdateret med de nyeste metoder og ressourcer inden for sprogundervisning** og stræber efter at forbedre mine egne færdigheder som underviser.
7.	Fællesskab og Netværk Sprogskolen er mere end blot et undervisningssted; det er **et fællesskab**. Vi fremmer sociale aktiviteter og arrangementer, der giver kursisterne **mulighed for at mødes, dele erfaringer og opbygge relationer**, hvilket styrker deres integration i samfundet.	Samarbejde: Jeg tror på, at læring er en **fælles proces**. Jeg opfordrer til samarbejde og interaktion blandt eleverne, så de kan **lære af hinanden og udvikle deres sprogfærdigheder i et socialt og støttende miljø.**

8.	Støtte til Integration Vi arbejder aktivt for at støtte kursisterne i deres integrationsproces. Gennem vejledning, workshops og samarbejde med lokale virksomheder hjælper vi dem med at finde jobmuligheder og deltage i samfundslivet.	
9.	Livslang Læring Vi fremmer værdien af livslang læring. Sprogskolen opfordrer kursisterne til at fortsætte med at udvikle deres færdigheder og viden, selv efter de har afsluttet deres undervisning. Vi tilbyder ressourcer og muligheder for videreuddannelse og personlig udvikling.	
10.	Håb og Muligheder Vi tror på, at sprog og uddannelse kan åbne døre til nye muligheder. Sprogskolen er et sted for håb, hvor kursisterne kan finde styrken til at overvinde udfordringer og skabe en lysere fremtid for sig selv og deres familier. Vi er dedikerede til at støtte dem i deres rejse mod et bedre liv i Danmark.	

Vores visioner for sprogundervisning i dansk som andetsprog

Med dette værdigrundlag leverer ChatGBT samtidig en vision for både sprogskolen og en vision for underviseren:

	Sprogskolens nye vision:	**Underviserens nye vision:**
Visionen	Sprogskolen bør være et sted, hvor liv, læring og håb mødes. Gennem vores værdigrundlag stræber vi efter at skabe et miljø, der fremmer personlig vækst, kulturel forståelse og aktiv deltagelse i samfundet. Vi er stolte af at være en del af vores kursisters rejse mod integration og succes i Danmark.	Jeg ønsker at se mine elever blive selvsikre og kompetente i deres danske færdigheder, så de kan deltage aktivt i både deres professionelle og personlige liv. Mit mål er at bidrage til deres succes og trivsel i Danmark.

Efterskrift

I forbindelse med mit jobskifte og ansættelse (2025) i UCplus som underviser i dansk som andetsprog på Aalborg Universitetscenter i Esbjerg er jeg i dag underlagt en ny organisationens værdier, vision og mission.

UCplus har gjort en del ud af sin mission, sine værdier og sin vision på sin hjemmeside https://ucplus.dk/hvem-vi-er/, hvor organisationen har stillet sig selv spørgsmålet

"Hvem er vi?"

og svarer:

"Mere end uddannelse

På UCplus er vores mission, at alle vores kursister skal have de bedste forudsætninger i det danske samfund og på det danske arbejdsmarked. Det bidrager vi til ved at tilbyde kurser, uddannelser og vejledning , som altid er på forkant med behovet og efterspørgslen. Derfor samarbejder vi på UCplus altid tæt med de brancher og virksomheder, vi uddanner til."

Lad os spørge ChatGBT om, hvordan denne mission vil lyde i en underviser-udgave:

"Som underviser på UCplus er min mission at sikre, at alle mine kursister får de bedste forudsætninger i det danske samfund og på det danske arbejdsmarked"

Lad mig sluttelig sammenligne med den formulering, jeg selv nåede frem til tidligere i min analyse:

"På sprogskolen lærer jeg dig dansk til arbejds- og hverdagsliv"

Litteratur

Jensen, Carsten Nejst (2005), *Voksnes læringsrum*, Billesøe & Baltzer

Jemsen, Anders Fogh (2001), *Metaforens magt – Fantasiens fostre og fornuftens fødsler*, Modtryk.

Kjærbeck, Susanne (2004), *Historiefortælling i praktisk kommunikation*, Roskilde Universitetsforlag.

Prehn, Hans og Erik Keldmann (1999), *Fornyelsestræet – Slip dog innovationens-evnen løs*, Specialforlaget a/s

Artikler & hjemmesider:

"Translanguaging – alle elevers læring i centrum" https://videnomlaesning.dk/media/3310/27_anne-holmen_helene-thise.pdf

"AOFs vision": https://aof.dk/om-aof/mission-vision-og-vaerdier